Anonym Anonym

Kinderbüchlein für die Jugend und Einfältigen

Anonym Anonym

Kinderbüchlein für die Jugend und Einfältigen

ISBN/EAN: 9783337177874

Hergestellt in Europa, USA, Kanada, Australien, Japan

Cover: Foto ©Lupo / pixelio.de

Weitere Bücher finden Sie auf **www.hansebooks.com**

Kinderbüchlein:

Für die Jugend vnd Einfeltigen.

Darinnen die Zwölff
Artickel vnsers Christlichen
Glaubens / sampt der heiligen Aposteln vnd Jünger vnsers HERRn Christi ankunfft / beruff / glauben / lehre / leben
vnd seliges absterben / etc.
Aus heiliger Göttlicher Schrifft / vnd
glaubwirdigen Historien / Auffs aller
kürtzeste in Deutsche Reimen zusammen verfasset.

Dreßden.

M. D. LXXXVI.

Den Erbarn vnnd Wolge-
achten / Georg Landtsbergern vnnd
Bernhard Schmidt / Bürgern zu
Dreßden / Meinen freundtlichen lieben Schwä-
gern / Gefattern / Nachbarn vnd beson-
dern guten Freunden.

As der Heiligen Apo-
steln vnd Jünger vnsers Herrn
Christi ankunfft / beruff / glauben / lehr / leben vnd wandel /
auch jhr creutz / leiden / bitter
vnd schmehelicher todt gewesen sey / den sie vmb CHRisti
vnd der warheit willen erlitten / vnd damit bezeu-
get haben / das Christus warhafftig von den todten erstanden sey / vnd vns vom fluch des Gesetzes /
Sünde / Todt / Teuffel / Helle vnd ewigem verdamnis erlöset habe / Das habt jhr freundtliche liebe
Schwäger / Gefatter / Nachbarn vnd gute Freun-
de / in diesem kleinen Tractetlein / günstig zubefin-
A ij   den

den/ Welchs denn alles genommen ist aus der heiligen Göttlichen Schrifft/ vnd aus andern reinen Historien/ für die einfeltigen vnd Leyen/ also in kurtze deudsche Reimen zusammen gezogen.

Dann da der Allmechtige/ gnedige vnd barmhertzige Gott aus lauter gnadt/ güte vnd vnaussprechlicher liebe vnd barmhertzigkeit/ das arme sündhafftige Menschliche geschlecht/ vom ewigen tod vnd verdamnis/ darein es durch Adams fall/ vbertrettung vnd mißhandelung kommen vnd geraten war/ widerumb erretten vnd erlösen wolt/ Hat Er in der letzten zeit der Welt/ seinen einigen Sohn/ an dem Er ein sonderlich wolgefallen hatt/ in diese Welt ins Fleisch gesandt/ vnd einen waren Menschen lassen geboren werden/ Wie dann Er/ der Ewige Sohn Gottes/ das ebenbild seines Himlischen Vaters/ der glantz der Herrligkeit/ vnd mit dem Vater vnd heiligem Geist/ warer GOtt von ewigkeit/ nach dem Rath vnd willen Gottes/ ware Menschliche natur an sich genommen/ vnd in diesem seinen zarten Fleische/ den schmelichen todt des Creutzes erduldet vnd erlitten/ vnd vns wider mit Gott versünet hat/ Also/ Das wer nun an Christum

Christum den Sohn Gottes/ der für vns/ vnnd
vmb vnser sünde willen gecreutziget vnd gestorben/
vnd am dritten tage wider aufferstanden ist/ gleu=
bet/ nicht verlohren werden/ sondern das ewige le=
ben haben sol/ Johan. am 3.

DArumb auch der Allmechtige
Sohn Gottes/ vnser getrewer Erlöser
vnd Seligmacher JHesus Christus/
als er den gantzen volkommenen gehor=
sam seinem Himlischen Vater geleistet/ vns von e=
wiger schuldt vnd pein erlöset/ vnnd das gantze
Werck vnser erlösung vollbracht hette/ vor seiner
siegreichen vnd frölichen Himmelfarth seine liebe
Jünger vnd Aposteln in alle Landt ausgesendet hat/
auff das sie gewisse warhafftige zeugen weren sei=
nes bittern Todes/ vnd freudenreichen Aufferste=
hung.

Vnd auff solchen von Christo empfangenen
Befehl/ haben die Aposteln den gantzen Christli=
chen Glauben kürtzlich in eine Summ zusammen ge=
fasset/ welches man nennet Symbolum Apostolicum, in
zwelff stück nach der anzahl der Aposteln abgetei=
let/

let/ damit die Kinder vnd das gemeine Volck mit so kurtzer/ reiner vnd gründtlicher Lehr köndten informirt vnd vnterwiesen werden/. Wie denn auch noch vber das von der Christlichen Kirchen etzliche Fest im Jar vorordenet sein/ damit ein jeder Artickel des Glaubens weitleufftiger vnd außführlicher möge erkleret vnd außgeleget werden/ auff das solche heilsame vnd allein seligmachende Lehr des Glaubens/ zu ewigen zeiten in kein vergessen gestellet werde.

Vnd ist solches also anfenglichen löblich vnd fein von der Christlichen Kirchen verordenet worden/ Darumb/ wie oben gemeldet/ ein jeder frommer Christ/ aus diesem Büchlein lernen vnd erkennen sol die gantze Lehr/ Leben vnd wandel/ der heiligen Apostel/ vnd wie sie mit grossem reichen schalle das Euangelium Christi in der Welt geprediget vnd ausgebreitet/ Auch vmb Christi vnd der Warheit willen/ grosse noth/ vnd endtlichen den todt erlitten haben.

Derowegen ein jeder/ der dieses lieset/ sich darbey erinnern vnd gedencken/ auch bereit sein sol/
sich

sich dem Creutz vnd leiden gedúldiglich zu vntergeben/ vnd vmb seines HERRN Christi willen etwas zu leiden/ vnd sich der Tyrannen toben vnd wüten/ hierinnen nicht kleinmütig machen vnd abschrecken lassen/ sondern bestendig bis ans ende bleiben vnd verharren / Dann wer mich bekennet / sagt Christus/ für den Menschen/ den wil ich wider bekennen für meinem Himlischen Vater/ etc.

Ann dann freundtliche liebe Schwager/ Gefatter/ Nachbarn vnd gute Freunde/ dieses ein gutes nützliches Büchlein ist/ sonderlich für die liebe Jugend vnd Kinder/ auff das sie daraus lernen Exempel der Gottseligkeit/ Vnd euch semptlichen GOtt der Allmechtige mit Kinderlein gesegnet/ Als habe ich vmb guter freundschafft willen nicht vnterlassen können/ euch dieses Büchlein zu dediciren vnd zuzuschreiben / auch vnter ewrem Nahmen in Druck ausgehen zulassen/ freundtlich bittende / Jhr wollet hierinne meinen geneigten willen gegen euch spüren vnd vormercken/ Auch solch Büchlein ewren lieben Kindern fleißig zu lesen vbergeben/ zweiuels

ohne

ohne / sie werden dardurch zur Gottseligkeit vnd
Christlichem leben vnd wandel angereitzt vnd er-
muntert werden / Dann die Gottseligkeit ist zu allen dingen nütze / vnd hat Verheissung dieses vnd
des Zukünfftigen Lebens. Hiemit befehle ich euch /
neben ewren Tugentsamen Haußfrawen / vnd lieben Kindern / sampt all den ewren / Gott dem Allmechtigen in seinen gnedigen schutz vnd schirm / Vnd
wüntzsche euch viel tausent guter nacht. Datum
Dreßden / am tage Bartholomei / welcher da war
der 24. Augusti / Anno 1586.

E. E.

Guttwilliger Schwager /
Gefatter vnd guter
Freundt.

Gimel Bergen von Lübeck /
Buchdrucker zu Dreßden.

Vorrede.

IN diesem kleinen Büchlein /
   O frommer Christ / gantz liecht vnd rein /
Der Heilgen Aposteln Namen /
   Auffs aller kürtzt gfast zusamen /
Ihr Ankunfft / Bruff / Glauben vnd Lehr /
   Ihr gantzes Lebn / ihr leiden schwer /
Sampt ihrn bittern vnd schmelichn todt /
   Damit sie habn bezeugt vor Gott /
Vnd aller Welt / das Ihesus frey
   Warhafft von Todtn erstanden sey /
Wirstu finden / Welchs gzogen ist
   Aus heilger Schrifft / da man solchs list /
Vnd andern reinn Historien /
   Für die Einfeltign vnd Leyen /
Denn da der ewig gütig Gott /
   Durch seine gnad / vom ewign todt /
In den Adam gefallen ward /
   Da er das Gbot vbrtrat so hart /
Erretten wolt: Also das sich
   Der Ewig Sohn gantz willigklich /

B   Ein

Vorrede.

Ein Opffer vor das Menschlich Gschlecht
  Zu werdn / thet vntergeben Recht.
Hat er in letzter zeit der Welt /
  Sein Sohn/ der jhm allein gefelt /
Gesand ins Fleisch / war Mensch vnd Gott /
  Der denn durch seinen bittern todt/
Dem Ewign Vatr vns wider hat
  Versünt / Also das aus lautr grad /
Wer an den HERREN Jhesum Christ /
  Der gecreutzigt vnd gstorben ist.
Widr Aufferstandn am dritten Tag/
  Gleubet / das ewig leben hab.

Erwegen auch der Ewig Sohn/
  Da er den gantzen ghorsam schon/
Gule:stet hett dem Vater sein /
  Vnd vns erlöst aus ewigr pein.
Hat Er vor seiner Auffarth gsand /
  Sein liebe Jüngr in alle Land.
Das sie solln gwisse Zeugen sein /
  Des Tods vnd Aufferstehung sein.

Nach

Vorrede.

Nach diesm befehl/ehe sie von dañ
  Gescheidn/sollen sie gfasset han
In eine Summ/einhelliglich
  Den gantzen Glauben gar kürtzlich.
In zwelff Stück/wie zu sehn hier ist/
  Die man sol merck'n zu jeder frist.
Welch man auch nent / Das Symbolum,
  Noch jetzund / Apostolicum.
Damit man die jung Kinderlein/
  Das Alber Volck auch in gemein/
Künd gründlicher vnterweisen mehr/
  Mit so kürtzer vnd reiner Lehr.

Ob Je denn auch etlich Feste zwar/
  Verordnet hat das gantze Jar/
Die Christliche Kirch / Damit fleissig
  Ein jedr Artickel weitleufftig
Würd ausgelegt /auff das solch Lehr
  Des Glaubens nicht vergessen werd.

Als an dem fünff vnd zwentzgsten Tag
  Des Mertzns / die Kirch verordnet hat/

B ij   Den

Vorrede.

Den trefflichn Artickel zu lehrn/
 Da wir bekenn Christum den HERrn/
Gotts einign Son / das er gar frey/
 Vom heilgen Geist empfangen sey.
Darnach am heilign Christag fein/
 Begehn thut die Christlich gemein/
Den Tag / Da Gott Mensch worden ward/
 Geborn aus der Jungfrawen zart.

Der Artickel vom bittern todt /
 Wie er gelittn gros martr vnd spot/
Wird die Karwochn in kleglichr weis
 Begagn / Gpredigt mit allem fleis.

Am Ostertag mit grosser frewd/
 Die Vrstehung vom tod vnd leid/
Des HERREN Christi wird gelert/
 Mit dem Artickel: Wie er fert
Nider zur Helln/ Am dritten Tag/
 Widr aufferstehet vons Todes klag.
Am Pfingestag am allermeist/
 Der Artickel vom Heilgen Geist/

Das

Vorrede.

Das Er recht sey die dritt Person/
 Ausgehnd vom Vater vnd dem Sohn/
Wird nach der leng gepredigt frey/
 Das er herunter kommen sey/
Vbr die Aposteln/ durch jhre stimm
 Krefftig gewesen/ mich vernim.

Es hat also geordnet fein/
 Jm anfang bald die Christlich gmein/
Drumb wie gesagt/ O frommer Christ/
 Aus diesem Buch zu sehen ist/
Die gantze Lehr in kurtzer weis/
 Das lebn mit der gefehrlichn reis/
Der heiligen zwelff Boten all/
 Wie sie gelert mit reichem schall/
Jn aller Welt/ wie sie gros noth
 Vmb Christi wort/ Ja auch den Tod
Gelitten habn/ Wenn du das list/
 Gedenck daran zu jeder frist.
Das du auch vntergebest dich/
 Dem Creutz vnd leidn gedultiglich.

B iij Besten-

Vorrede.

Beſtendiglich an allem orth/
  Bekennen thuſt/ des HERREN wort.
Dich der Tyrannen drewen nicht
  Laſt erſchrecken/ Jn zuuerſicht/
Den Ewign Gott durch ſeinen Sohn/
  Wollſt anruffen in kleglichn thon:
Das Er vns wöll mit ſeiner Gnad/
  Beyſtehn/ wie Er vorheiſchen hat.

      Ende der Vorrede.

Die Geburt vnsers Herrn/
vnd Heilandes Jhesu Christi.

Er Engel in der Finster Nacht/
Wol auff dem Feld zun Hirten sprach:
Seht/

Seht / vnd merckt auff zu dieser stund/
Ein grosse Frewd thu ich euch kund/
Die allem Volck auff dieser Erd /
Ohn zweiuel widerfahren werd.
Denn heut geborn der Heiland ist/
Euch / Euch zu gut der HERRE Christ/
Zu Bethlehem in Dauids Stadt/
Wie Michas Propheceyet hat.
Nach diesem bald der Engel schar/
Brachten ein frölichs newes Jar.
Süngen lieblich den frewden Hall:
Das es im weiten Feld erschall:
Ehr sey Gott in der Höh / Auff Erd
Das Fried vnd Frewd erhalten werd.

Jhesus.

Jhesus Christus/ Gottes und Mariae Sohn.

Also ist es vom HERREN Christ
Geschriebn/ das Er so leiden müst.
Vnd aufferstehn am dritten Tag/
Von Todestand ohn alle klag/

Vnd alles Volck zu jhm bekern/
 In seinem Namen lassen lehrn/
Buß vnd vergebung vnser sünd/
 In aller Welt wo man Leut findt.
Darumb vor seiner Himmelfarth/
 Christus zum Jüngern sprechen ward/
Gehet hin ihr lieben Jünger mein/
 Wol in die weite Welt hinein/
Ihr solt das Euangelium/
 Alln Creaturn predign herumb.
Wer glauben thut vnd wird getaufft/
 Dem ist der Himmel ewig erkaufft.
Wer nicht gleubt dieser grossen gnad/
 Der bleibt in Sünden verdampt zum tod.

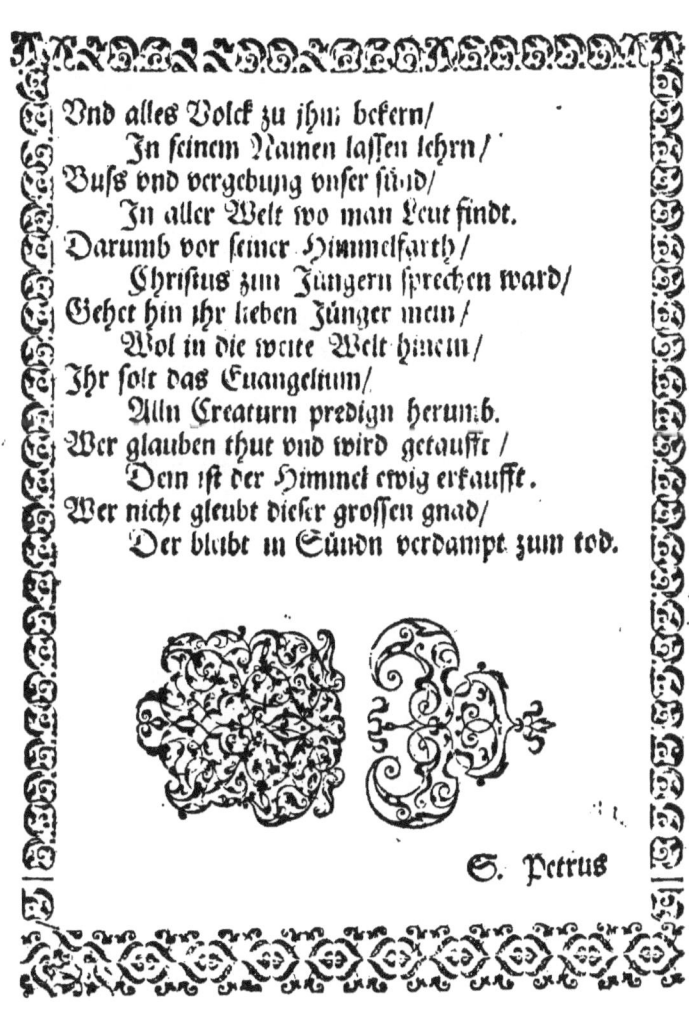

S. Petrus

S. Petrus.

Der I. Artickel.

JCH Gleube an Gott den Vater/ Allmechtigen Schöpffer Himmels vnnd der Erden.

Sanct Petrus von dem HERREN Christ/
  Zum Predigampt beruffen ist.
Zu lehrn reichlich das Wort des HERRN/
  Mit grosser frucht sehr weit vnd fern.
In Pontho vnd Bithinia/
  Capadocia vnd Asia.
Antioche/ da er siebn Jar/
  Viel hat bekert mit seiner Lahr.

C ij   Von

Von dannen sol er kommen sein /
  Wie man schreibet / Gen Rom hinein /
Daselbst mit allem fleiß gelehrt /
  Zum HERRN Christ viel Heiden bekert.
Darnach von dem grawsam Tyrann
  Neron / sol seyn ans Creutz geschlan.
Gehencket auff mit marter gros /
  Rücklich mit seinen Beinen blos /
Doch er sein Seel dem ewigen Gott /
  Frewdig / getrost befohlen hat.

S. Andreas.

S. Andreas.

Der II. Artickel.

VNd an Jhesum Christum/ seinen einigen Sohn vnsern HERRN.

Andres ein Jünger des Teuffers/
  Des HERRen Christi Vorleuffers.
Beruffen ward zum Predigampt/
  Zum Apostel in frembde Landt.
In Scythia hat er gelert/
  Vnd in Achaia viel bekert.
Christum frey öffentlich bekandt /
  Doch zletzt in Edissener Landt.

C i.j   Von

Vons Königs Heuptman gfangen ward/
    Zum tod gefürt gebunden hart.
Ans Creutz geschlan mit Wunden gros/
    Das hrab von jhm das Blut herflos.
Zween tag sol er gelebet haben/
    Am stamm des Creutz ohn alles klagen.
Daran bekert ohn alles ziel/
    Zu Christi Lehr der Menschen viel.
Mit freudigm Hertz getrost auff geben /
    Sein Geist hernach zum ewign leben.

                                S. Jacobus

S. Jacobus der grosse.

Der III. Artickel.

Er empfangen ist von dem heiligen Geiste / Geboren aus Maria der Jungfrawen.

Sanct Jacob Zebedei Sohn /
   Von Herrn Christ war erwelet schon /
Das er ein Zeug in der Gemein
   Solt sein / der Aufferstehung sein.
Solt leren vnd bekennen frey /
   Christum Jhesum ohn alle schew.
Wie er in Spanien hat gthan /
   Sein Ampt dar recht gefangen an.

                             Doch

Doch wider in Judeam kart/
 Mit reichem Geist daselbst gelart.
Also das der Hohpriester jm/
 Ist worden gram als einer Spinn/
Hat jhn derwegn genommen ein/
 Als solt er ein Auffrührer sein.
Mit diesem schein Herodi hart/
 Agrippe vberantwortt ward/
Der ließ jhn tödten ohne schuld/
 Welchs er da leid mit grosser gedult.

S. Johannes

Sanct Johannes Euangelist.

Der IIII. Artick.

Gelitten vnter Pontio Pilato / gecreutziget / gestorben vnd begraben.

Johannes der Euangelist/
 Erwelter Zeug des HERRn Christ.
Widr Cerinthum vnd Marcion/
 Die Ketzer vnd auch Ebion.
Hat er gelehrt / das ewig sey /
 Das Wort bey Gott im anfang frey.
Das Wort sey auch mit ewigr Gott/
 Dadurch Gott alls erschaffen hat.

D   Vnd

Vnd sey hernach in letzter zeit/
  Fleisch worden/ lebt in Ewigkeit.
Hat auch zu Epheso gelert/
  Der Heiden viel allda bekert.
Vom Keysr Domician bestrickt/
  In die Insel Pathmum nauß verschickt.
Gegn Epheso nachs Keysers tod/
  Er sich widrumb gemachet hat.
Allda in Gott vorschieden zwar/
  Seins Alters im Neuntzigsten Jar.

S. Philip.

S. Philippus.

Der V. Artickel.

Nieder gestiegen zur Hellen/ Am dritten Tage wider aufferstandē von den todten.

Philippus gantzer Zwentzig Jar/
　In Scythia hat glert die Schar.
Gros wunderzeichen dar gethan/
　In dem da sie ihn gzogen han/
Mit gwalt/ das er anbeten solt
　Jhrn Abgott/ Ist erschienen bald
Ein Trach/ der schnel den Pfaffen hin/
　Getödtet hat/ sampt zweien mit ihm.

　　　　　　　　　D ij 　Das

Das Volck verletzt / da hat sich dann
Phillippus jhrr genommen an /
Den Trachn verjagt / die drey vom Todt /
Erweckt / das Volck geheilt / durch Gott.
Doch das sie soln aus Abgotts stell /
Ein Crucifix auffrichten schnel.
An Christum den gecreutzigtn HERRN
Gleubn / sich mit ernst zu Gott bekern.
In Asia seins Alters zwar
Gecreutzigt / im siebnachtzigstn Jar.

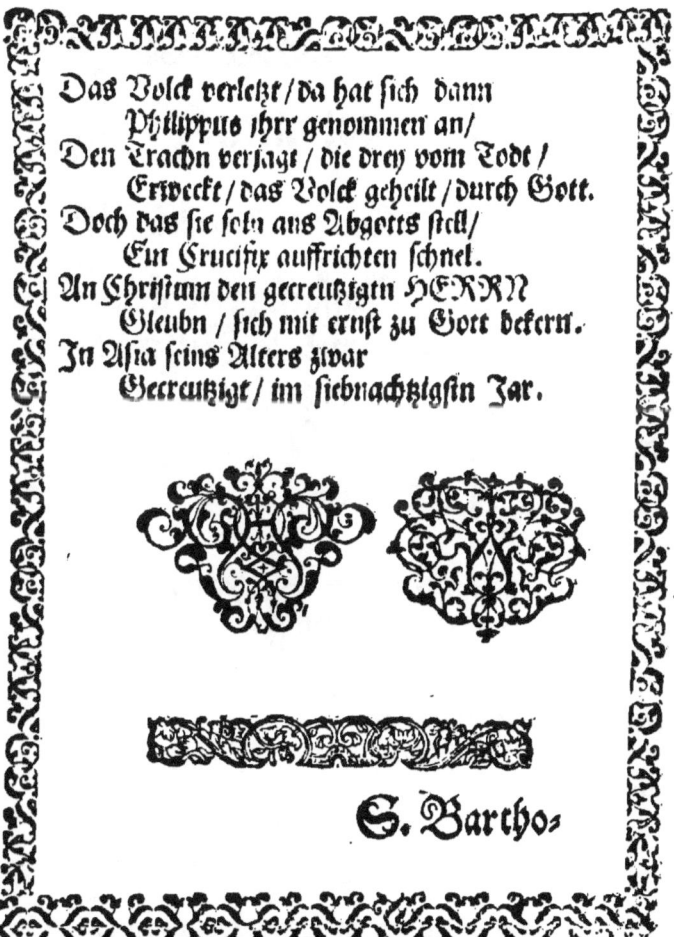

S. Bartho=

S. Bartholomeus.

Der VI. Artickel.

Auffgefahren gen Himmel / Sitzend zu der rechten Gottes des Allmechtigen Vaters.

Vß Königlichem Stam̄ S. Bartholomeus /
   Jn India hat glert mit fleis:
Gros Wunderzeichen dar gethan /
   Jn dem das er ohn abelan /
Vertilget hat die Götzen all /
   Das Christenthumb gepflantzt mit schal.
Polemium den König dar
   Getaufft / bekert zu Christi Lahr.

Sein Tochter auch gesund gemacht/
  Welchs jhm sehr gros vnglück hat bracht.
Denn jhn die Götzenpriester gar/
  Beins Königs Bruder habn alldar
Angeben/sehr mit falschem schein/
  Das er jhn bald hat gnommen ein/
Erst Creutzigen/lebend hernach
  Hat schinden lahn/bekehret doch
Viel Menschen also/das er mit grim
  Endlich hat köpffen lassen jhn.

S. Thomas

S. Thomas.

Der VII. Artickel.

Von dannen er kommen wird / Zu richten die lebendigen vnd die Todten.

Sanct Thomas sonst Zwilling genandt /
    Den HERRN Christ erst da erkand /
Du er ihm thet recht weisen all /
    Sein Seiten vnd die Negelmahl.
In India hat er gelert /
    Die Christlich Gmeinschafft sehr gemert
Sol auch daselbest habn gethan /
    Viel Wunderzeichn der heilig Man /

                     Im

Im Namen des HERRN Jhesu Christ
　　Der vnser Mitler worden ist.
Damit bestetigt seine Lehr /
　　Doch Christo stetts geben die Ehr.
Darüber Er verfolgung hat /
　　Erleiden müssen frü vnd spat /
Letzlich wie er zu schanden bracht /
　　Ein Abgott durch Göttliche macht /
Der Götzenpfaff im Tempel drin /
　　Hat einen Spies gerant durch jhn.

S. Mattheus

S. Mattheus.

Der VIII. Artickel.

ICH Gleube an den Heiligen Geist.

Mattheus der Euangelist /
   Vom Zoll zum Zeugen beruffen ist.
Das Er sol lehren in fernerm Land /
   Den HERRN Christum machen bekand /
Wie er gethan in Macedonia /
Egypten vnd Aethiopia.
                   E   Zu

Zu Nabar in Egypten Land/
  Dem Keiwrer gweſt ſehr wol bekand:
Den Philippus getauffet hat/
  Wie es Actorm am 8. ſtat/
Erweckt vom Todt des Königs Sohn/
  Zu Gott bekert viel tauſent Perſon/
Endlich iſt Er nachs Königs todt/
  Vom Hirtaco gekomn in noth.
Da er widr ruth das der Tyrann/
  Des Königs Tochter nicht vberkam/
Hat er mit groſſem grimn ihm lahn/
Vberm altar den Kopff abſchlan.

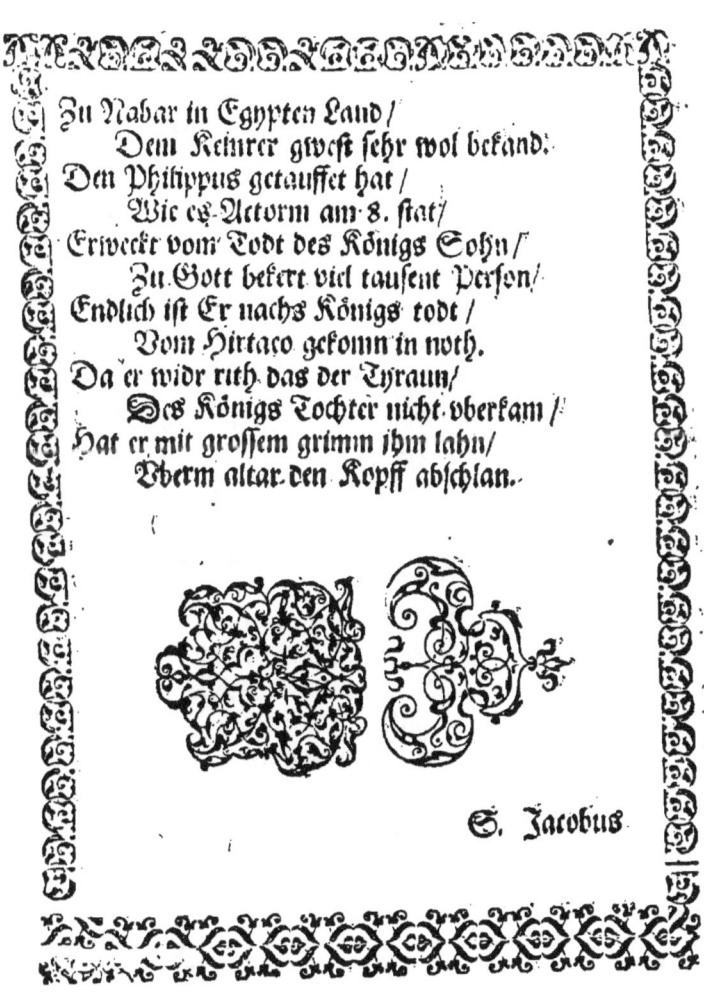

S. Jacobus

S. Jacobus der kleine.

Der IX. Artickel.
Eine Heilige Christliche Kirche. Die Gemeine der Heiligen.

SAnct Jacobus Alphei Sohn/
 Ein heiliger Man gerecht vnd from/
Sonst gnent ein Brudr des HERRN Christ/
 Weil er jhm ehnlich gewesen ist/
Erwehlet ward zum Predigampt/
 Nicht das Er solt ziehn weit ins Land/
Allein zu Jrusalem zu lehrn/
 Das Jüdisch Volck dazu bekern/

E ij Wie

Wie er auch solches in bester weiß/
  Bewisst hat mit allen, fleiß.
Christum den sie gecreutziget/
  Bestendiglich bekennen thet.
Die grosse Wolthat die Er bracht
  Ans Vatern Schoß/ hat kand gemacht.
Ist worden der erst Pfarherr alldar/
  Geprediget gantzer dreißig Jar.
Endlich zum Templ hinaus gestürtzt/
  Das leben ihm mit Stein verkürtzt.

S. Simon

Sanct Simon.

Der X. Artickel.

Vergebung der Sünden.

Simon zu lehrn beruffen ist/
    Das Wort des HErren JhesuChristi/
Das Gott also geliebet hat
    Die Welt/ das Er aus lauter gnad/
Dargeben hat sein Sohn dahin/
Auff das ein jeder der an Jhn/
Thut gleuben/ sol nicht werdn verlorn/
Sondern sein zum Ewign lebn erkorn.

                         E iij   Solchs

Solchs hat Simon trewlich gelert/
 Jn Egypto gar viel bekert.
Mit Juda hernach dem Bruder sein/
 Jst er gezogn in Persien hinein.
Gar viel mit zweien Zeubern bar/
 Zu thun gehabt in grosser gefahr.
Bis ihr betrug ist worden kundt/
 Durch ihre Lehr / doch sie von stund/
Den Heilign haben nach getracht/
 All beid sie zu Samnir vmbbracht.

Sanct

S. Judas Thadeus.

Der XI. Artickel.

Aufferstehung des Fleisches.

Sanct Judas Thadeus genant /
   Beruffen ward zum Apostelampt /
Vom HERRN Christ in seiner Gemein /
   Zu lehrn das bitter leiden sein.
Den schmelichn tod vmb vnser Sünd /
   Den Er erlitten hat / thun kund /
Die frölich Aufferstehung sein /
   Vmb vnsert willn zu predign rein.

Hat

Hat graufft den König Agbarum/
 Von dann in Ponto gzogn herumb.
Darnach in Mesopotamian/
 Daselbst gros Wunderzeichn gethan.
Bis er endlich / wie obn gesagt /
 Da Er mit seinem Brüder hat
In Persien die Zaubrer zwey/
 Zu schanden bracht ohn alle schew /
Vom Götznpfaffen im Tempel drin/
 Ohn alle schuld gericht ist hin.

S. Matthias

S. Matthias.

Der XII. Artickel.

Vnd ein ewi=
ges Leben/

Amen.

Sanctus Matthias hat die zahl/
 Der Zwelff Aposteln nach dem fall/
Erfält da er erwelet ward/
 An Jude des Verrethers stat.
Wie solchs beschrieben hat gar liecht /
 Lucas in der Apostl Geschicht.
Zu Bethlehem sol sein geborn/
 Zum Predigampt recht auserkorn.

F   Hat

Hat glert allein im Jüdischen Landt/
 Den Namen Christi gmacht bekandt.
Gros Wunderzeichen auch gethan/
 Zu Gott bekehret manchen Man.
Das Reich Christi gemehrt ohn zahl/
 Sein Göttlichs Wort gelert mit schall/
Drumb auch die Jüden haben jhn/
 Durch falsch zeugnis gerichtet hin.
Mit einm Fallbeil sol jhm der Kopff/
 Nach Römscher weis gehawn sein ab.

S. Paulus

S. Paulus.

Sanct Paulus der viel heilig Man/
  Da er geborn auß Jüdschem Stam.
Zu Tharso in Cilicia/
  Ward vnterricht im Gesetz allda.
Ein grosser Eiffrer seiner Lehr/
  Die Christen er verfolget sehr.

F ij   Doch

Doch Er von Christo wunderbar/
 Beruffen ward zu seiner Lahr/
Erwelt recht zum Apostel ampt/
 Zu Predigen in alle Land/
Wie Er solchs fein beweiset hat/
 Da er durchzogn manch Land vnd Stad/
Arabiam vnd Asiam/
 Macedoniam gantz Greciam.
Welschland/ Hispanien/ Jllyricum/
 Bey fünff vnd zwantzig Jahrn herumb.
Letzlich zu Rom den heilgen Man/
 Der Wütrich vnd grawsam Tyran
Nero/ mitdm Schwert gerichtet hat/
 Vmb Christi Lehr/ dem Gott genad.

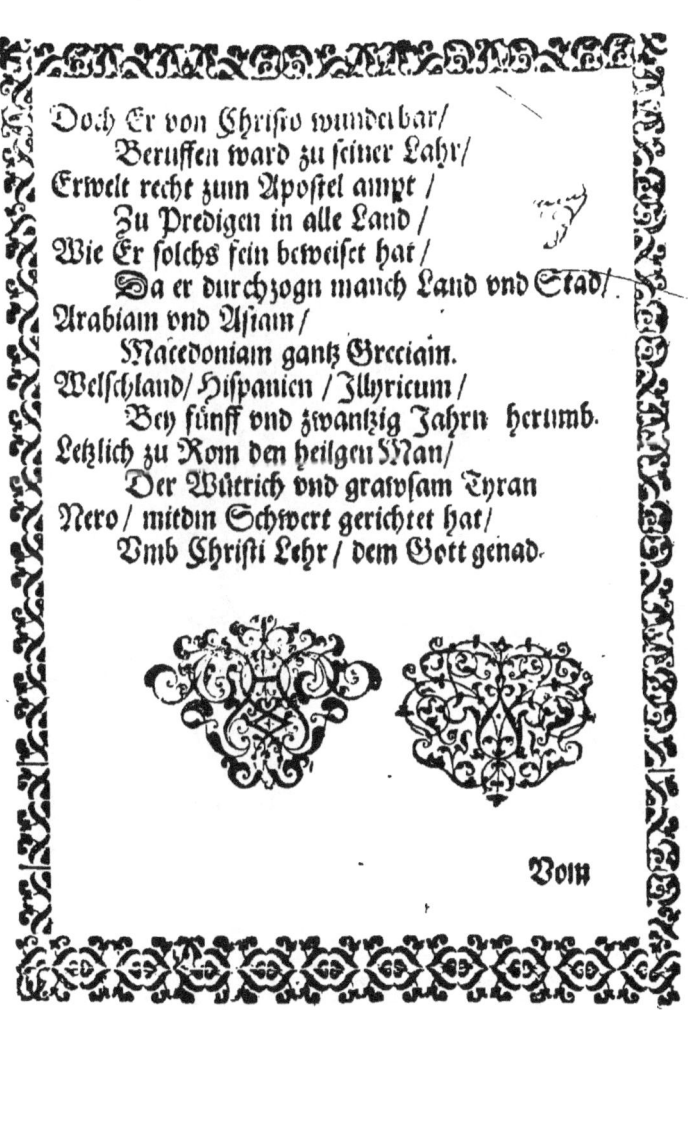

Von

Vom Jüngsten Gerichte.

O Mensch/ zu warer Buß dich thut/
Christus Jhesus jetzt ruffen gut.
Durch sein wares vnd thewres Wort/
Welchs man in aller Welt rein hört.

Das du von Sünden solt abstehen/
  So du zur ewign frewd wilt gehn.
Gedenck an die Barmhertzigkeit/
  Des ewign Gottes allezeit.
Wie er dich thut gantz Väterlich/
  Durch sein Wort teglich lockn zu sich.
Gedenck auch an die ewig pein/
  Da all Sünder gehörn hinein.
Las schallen in den Ohren dein/
  Die Stim̃ des HERRN Christi rein/
Steht auff die ihr hie lieget tod/
  Euch ruffe ich/ war Mensch vnd Gott.
Die zeit ist hie/ Auff dieser Erd/
  Die Todn/ Lebend Jch richten werd.

Psalm

Psalm xv.

CONSERVA ME DO-
MINE.

ERhalt mich HERR in dieser noth/
 Beware mich du trewer Gott.
Denn ich mein Hoffnung stell zu Dir/
Du kanst allein jetzt helffen mir.

Ich

Ich hab gesagt zum HERREN mein/
  Du bist der HERR/ der da hilfft allein.
Vmb deinet willen leid ich viel/
  Den bittern tod/ schmach/ spot ohn ziel.
Für die Heilgen auff dieser Erd/
  Die Mir gefalln/ die ich halt werd.
Nicht die sich wenden von mir weg/
  Vnd folgen einen andern steg.
Die durch ihr eigen Opffer Gott/
  Versünen wolln in ihrer noth.
Denselben kompt mein thewres Blut/
  Das ich geopffert/ nicht zu gut.
Wil auch darzu zu keiner stund/
  Ihrn Namen führn in meinem Mund/
Du aber HERR mein Gott vnd Heil/
  Du bist mein gut/ beschützt mein Erbteil.

Ein

Ein ander Spruch/ aus dem 15. Psalm Dauids.

Wie lieblich ist mir gefalln/
    Mein Loss/ Ich hab das best vor alln.
Drumb ich dir danck mein HERR vnd Gott/
    Vnd lobe dich vmb deinen Rath.
Des HERRN gedenck ich nacht vnd tag/
    Das ich schier nimmer schlaffen mag/

G   Jn

In meinen Niern fühl ich den schmertz
  Des Tods / züchtiget mich ohn schertz.
Doch werd ich bleibn zu ewigr frist /
  Weil mir der HERR zur rechten ist.
Drumb sich mein Hertz im Leib auch frewt /
  Mein Zung frölich dein Ehr ausbreit.
Ob gleich mein Fleisch wird lign in rhu /
  In hoffn / mit Erd bedecket zu.
So wirstu doch meine Seele lang /
  Nicht lassen in der Hellen zwang /
Wirst nicht zugeben / das der Leib /
  Deins Heilign verwes / im Grabe bleib.
Den Weg zum Leben zeigstu mir /
  Das ich sol sein in frewdn für dir /
Für dir ist frewd vnd lust sehr viel /
  Ein lieblichs wesen ohne ziel /
Zu deiner rechten ist allzeit /
  Welchs wehren thut in Ewigkeit.

Stifftung

Stifftung des heiligen Ehestandes.

Eil Gott erstlich durch eigene stim /
Selbst ordnet den Ehestand vernim/
B ij   Soln

Soln wir dis daraus lernen nu/
  Das solcher Stand jhm gefallen thu/
Darin er wöll von vns in gmein/
  Warhafftiglich erkennet sein/
Denn gleich wie Gott ein keusches lebn/
  Ernstlich im Ehestand fordert ebn/
Also wir wissen sollen frey/
  Das er ein keusches leben sey/
Drumb soltu diesen Stand allzeit/
  Hoch achtn/ mit aller Erbarkeit/
Vnd für solch Ordnung dancken Gott/
  Der dich auch drein geschaffen hat.

Folget der Vier Euan-
gelisten Ampt vnd wesen.

S. Mattheus.

S. Mattheus.

Mattheus der Euangelist/
 Ein Jünger vnsers HErren Christ/
Vom Zohl beruffen ward zu lehrn/
 Christo dem HErrn/ sein Reich zu mehrn.
Den Engel den er führen thut/
 Bedeut die Menschheit Christi gut.

G iij Denn

Denn von des HErrn Geburt der frum
    Feht an sein Euangelium/
Bey Zwantzig Jahren in Moren Land/
    Hat er Christum gemacht bekandt/
Den König dar/ vnd andre mehr/
    Hat er bekart mit seiner Lehr.
Am Altar Hirtacus mit Nam/
    Ließ ihm den Kopff mit grim abschlan.

S. Mar-

S. Marcus.

Sanct Marcus Petri Jünger war/
 Von ihm fasset er Christi Lehr.
Den Römern all zu nutz vnd frum/
 Schreib er sein Euangelium.
Darin er kurtz begreiffen thet/
 Was vor Mattheus gschrieben het.

Der

Der Lew bedeut die ruffende Stim/
  Johannis in der Wüsten drin/
Von dem des HERRN Christi Geschicht/
  Er angefangen hat gar leicht.
Nachma's weit in Egypten Landt/
  Zu Alexandria zuhand/
Ward er gezogen vom Altar
  In Kercker/ gab sein Geist auff dar.

S. Lucas

S. Lucas.

Sanct Lucas der Euangelist/
  Ein guter Artzt gewesen ist/
Sanct Pauli gferd zu jeder zeit/
  In noth vnd angst/ in lieb vnd leid.
Er hat geschrieben die Geschicht
  Christi/ vnd der Apostel liecht.

H Der

Der Ochſs den er hie führen thut/
  Das Prieſterampt / bedeutet gut/
Denn er ſehet die Geſchicht fein an/
  Von Zacharia dem alten Man/
Da er ſein Prieſterampt auswart/
  Das jhm erſchien ein Engel zart.
An Oelbaum vnd Chriſti Lehr rein/
  Sol er in Gott vorſchieden ſein.

S. Johannes

S. Johannes.

Johannes der Euangelist/
 Der liebst Jünger des HErren Christ/
Aus seiner Brust gezogen hat/
 Die Lehr von seiner Maiestat/
Das er ein Mensch allein nicht sey/
 Sondern Gottes Sohn/vnd Gott darbey/

Das Ewig Wort/durch welchs aus gnad/
 Der Vater alls geschaffen hat.
Darumb er auch den Adeler weis/
 Das er Christum mit allem fleis/
Ein waren Gott im anfang gut/
 Vnd Gottes Sohn beweisen thut/
Nach Christi Geburt ein hundert Jar/
 Hat er die Welt verlassen gar.

Doctor

D. Martinus Luther.

Eisleben hat geboren mich/
　　Zu Eisleben bin gestorben ich/
Dem Bapst thet ich sehr grossen zwang/
　　Daruon verdient ich wenig danck.
Gotts Wort vnd Ehr sucht ich mit fleis/
　　Weich nicht daruon in keiner weis/
Drumb mich hasset die gantze Welt/
　　Doch mich schützt der höchste Helt.
Dem ich sehr danck in Ewigkeit/
　　Vnd preise sein Barmhertzigkeit.
Das Er vns hat leuchten fein /
　　In dieser zeit sein Wort so rein
Welchs ich hab frey heraus bekand/
　　Zu Wittenberg in Sachsen Land.
Da denn mein Leib begraben leit/
　　Im Schlos/ wart Gottes zukunfft mit freuwd.

　　　　　　　　　　　　　　　　Das

Das Heilige Abend-
mahl Jhesu Christi.

En tag zuvor der HERR Christ/
Ehe er zur marter gangen ist.
Hat er auff einem grossen Saal.
Das eingesetzt sein Abendmahl.

Drin

Drin er vns gibt sein Leib im Brod/
Im Wein sein Rosinfarbes Blut.
Denn weil er vns seins Vaters Gnad/
Am Creutz wider erworben hat.
Mus solch Wolthat ein jederman/
Durch festen Glauben nemen an/
Des gibt er vns durchs Priesters handt/
Sein Leib vnd Blut zu einem pfand/
Dardurch wir vns erinnern sein/
Das wir b.y Gott in Gnaden sein.

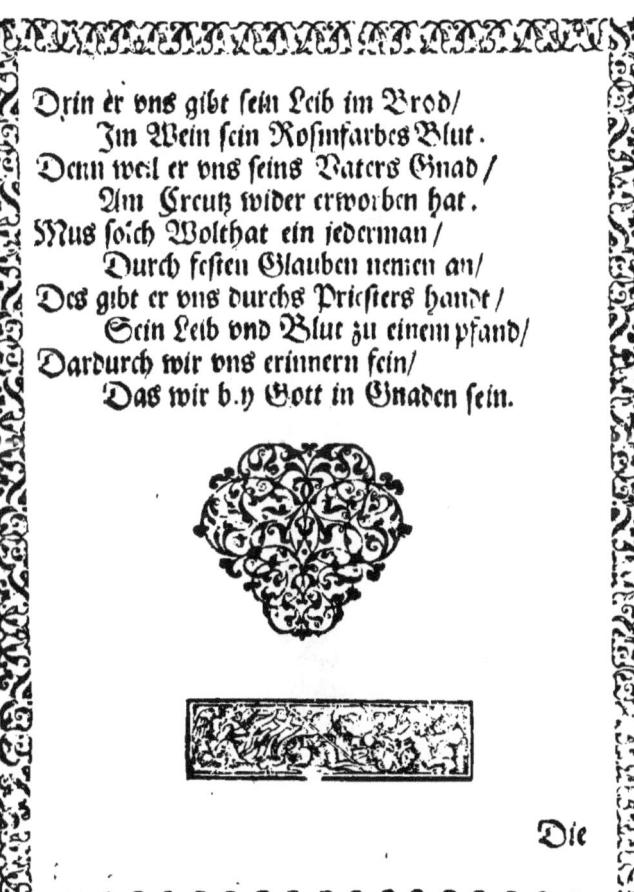

Die

Die Aufferstehung Chriſti.

Ob Ehr vnd Preis HERR Jheſu Chriſt/
Mit freyden ſingt dir zu dieſer friſt/
Die Chriſtlich Kirch vnd heilig ſchar/
Vor den Triumph ſo wunder war.

J　　Das

Das du Tod / Teuffel / Hell vnd Welt /
Geweldigt hast vnd hingefelt /
Vnd wider bracht all gnad vnd fried /
Das vns verdamnis schadet nicht /
Las nun fort an in dir allein /
Vns stets bleiben vnd bey dir sein.

Die

Die Heilige Drey-
faltigkeit.

J ij   Kein

Ein Creatur noch Menschlich zung/
    Erkleren kan noch sagen gnug/
Den wunder Rath / vnd heimligkeit/
    Der heiligen Dreyfaltigkeit /
Der dis beschlos / vnd haben wolt/
    Das Gottes Sohn selbs kommen solt/
Anziehen Menschlich Fleisch vnd Blut/
    Der gantzen Welt zu nütz vnd gut/
Auff sich nehmen all hertzenleidt/
    Vns schencken Gnad vnd Seeligkeit.

Christus

Christus spricht. Johan. 16.

Was jhr den Vater bittet in meinem Namen/ das wird er euch geben.

Er hat auff Erden wol gelebt/
   Mit seinen Gaben hoch geschwebt.
Der Christum Gottes Sohn erkendt/
Beschleust im Glauben drauff sein endt.

J iij   PAX

PAX VOBIS.

GOttes vnd auch Marien Sohn/
Christus Jhesus meins heils ein Kron.
Hat durch das bitter leiden sein/
Vns all gemacht von Sünden rein.
Die durch mich kommen zu dem HERRN/
Mit warer Buß zu jhm bekeren.

Das

Das einge Instrument bin ich/
　Welchs fürt/ O Mensch/ zu Christo dich.
Lieb Gottes Wort/ durch welchs du mich/
　Im Geist erlangest sicherlich.
Als denn geb ich deinm hertzen ein trost/
　Das dich Christus recht hab erlöst.
Vons Teuffels gwalt/ von Sünden dein/
　Gewasschen mit dem Blute sein.
Gott fürchten/ lieben/ beten auch/
　Durch mich in dir kömpt in gebrauch.

DA nun die zeit erfüllet ward/
　Sand Gott sein Sohn wol auff die farth/
Geborn aus einer Jungfraw rein/
　Sich ontergab dem Gsetz allein/
Vns die wir warn des Gesetzs knecht/
　Dauon loß zu machn vnd gerecht.
Das wir nu Gottes Kinder sein/
　Das solln wir jhm dancken allein.
Vnd sich des trösten ein jeder Christ/
　Das Gottes Sohn Mensch worden ist.
　　　A M E N.
　　　　Finis.

Gedruckt in der Churfürstlichen Stadt Dreßden /
durch Gimel Bergen
von Lübeck.

ANNO 1586.

www.ingramcontent.com/pod-product-compliance
Lightning Source LLC
Chambersburg PA
CBHW020246090426
42735CB00010B/1853